In Sear
the Present

D1240235

Octavio Paz

In Search of the Present

NOBEL LECTURE

1 9 9 0

A Harvest / HBJ Original

Harcourt Brace Jovanovich, Publishers

San Diego   New York   London

The English translation appeared, in slightly different form,
in the *New Republic*, January 7 & 14, 1991. The original
Spanish text begins on page 35.

Library of Congress Cataloging-in-Publication Data
Paz, Octavio, 1914–
[Búsqueda del presente. English & Spanish]
In search of the present: Nobel lecture, 1990/Octavio Paz.
p.   cm.
Spanish text and English translation of:
La búsqueda del presente.
ISBN 0-15-644556-5
I. Title.
P07297.P28588713   1991
865 — dc20   91-9339

Designed by Camilla Filancia
Printed in the United States of America
First edition   A B C D E

In Search of
the Present

N O B E L   L E C T U R E

1 9 9 0

I BEGIN WITH TWO WORDS that men have uttered since the dawn of humanity: Thank you. The word *gratitude* has equivalents in every language, and in each tongue its range of meanings is abundant. In the Romance languages this breadth spans the spiritual and the physical, from the divine grace conceded to men to deliver them from error and death, to the bodily grace of the dancing girl or of the cat leaping through the underbrush. Grace means pardon, forgiveness, favor, benefice, inspiration. It is a form of address, a pleasing style of speaking or painting, a gesture expressing politeness, and—in short—an act that reveals spiritual goodness. Grace is a gift. The person who receives it, the favored one, is grateful; and if he is not base, he expresses his gratitude. That is what I am doing at this very moment with these weightless words. I hope my emotion compensates for their weightlessness. If each of my words were a drop of water, you would see through them and glimpse what I feel. Gratitude, acknowledgment. Also an indefinable mixture of fear and surprise at finding myself here before you, in this place which is the home of both Swedish learning and world literature.

Languages are vast realities that transcend those political and historical entities we call nations. The European languages we speak in the Americas illustrate this. The special position of our literatures, when compared to those of England, Spain, Portugal, and France, derives precisely from this fundamental fact: they are literatures written in transplanted tongues. Languages are born and grow in the native soil, nourished by a common history. The European languages were uprooted and taken to an unknown and unnamed world: in the new soil of the societies of America, they grew and were transformed. The same plant, yet a different plant. Our literatures did not passively accept the changing fortunes of their transplanted languages: they participated in the process and even accelerated it. Soon they ceased to be mere transatlantic reflections. At times they have been the negation of the literatures of Europe; more often, they have been a reply.

In spite of these oscillations, the link has never been broken. My classics are those of my language, and I consider myself to be a descendant of Lope and Quevedo, as any Spanish writer would . . . yet I am not a Spaniard. I think that most writers of Spanish America as well as those from the United States, Brazil, and Canada would say the same as regards the English, Portuguese, and French traditions. To understand more clearly the special position of writers in the Americas, we should compare it to the dialogue maintained by Japanese, Chinese, or Arabic writers with the different literatures of Europe: a dialogue that cuts across multiple languages and civilizations. Our dialogue, on the other hand, takes place within the same language. We are Europeans, yet we are not Europeans. What are we, then? It is difficult to define what we are, but our works speak for us.

In the field of literature, the great novelty of the present century has been the appearance of the American literatures. The first to appear was that of the English-speaking part, and then, in the second half of the twentieth century, that of Latin America in its two great branches, Spanish America and Brazil. Although they are very different, these three literatures have one common feature: the conflict, which is more ideological than literary, between cosmopolitan and nativist tendencies, between Europeanism and Americanism. What is the legacy of this dispute? Thepolemics have disappeared; what remain are the works. Apart from this general resemblance, the differences between the three literatures are multiple and profound. One of them belongs more to history than to literature. The development of Anglo-American literature coincides with the rise of the United States as a world power, whereas the rise of our literature coincides with the political and social misfortunes—and upheavals—of our nations. Which demonstrates once again the limitations of historical determinism: social disturbances and the decline of empires sometimes coincide with moments of artistic and literary splendor. Li-Po and Tu Fu witnessed the fall of the Tang dynasty; Velázquez painted for Felipe IV; Seneca and Lucan were contemporaries, and victims, of Nero. Other differences are of a literary nature and pertain more to individual works than to the character of each literature. But can we say that a literature has a *character*? Does it possess a set of features that distinguishes it from other literatures? I doubt it. A literature is not defined by some fanciful, intangible character; it is, rather, a society of unique works united by relations of both opposition and affinity.

The first basic difference between Latin-American and Anglo-American literature lies in the diversity of their origins. Both began as projections of Europe. In the case of North America, the projection of an island; in our case, of a peninsula. Two regions that are geographically, historically, and culturally eccentric. The origins of North America are in England and the Reformation; ours are in Spain, Portugal, and the Counter-Reformation. For the case of Spanish America, I should briefly mention what separates Spain's historical identity from those of other European countries. Spain is no less eccentric than England, but its eccentricity is of a different kind. The eccentricity of the English is insular and is characterized by isolation: an eccentricity that excludes. Hispanic eccentricity is peninsular, consisting of the coexistence of different civilizations and different pasts: an eccentricity that includes. In what would later be Catholic Spain, the Visigoths professed the heresy of Arianism, and we could speak also about the centuries of the dominance of Arabic civilization, the influence of Jewish thought, and the Reconquest, among other peculiarities.

Hispanic eccentricity is reproduced and multiplied in America, especially in countries such as Mexico and Peru, where ancient and splendid civilizations once existed. In Mexico the Spaniards encountered history as well as geography. And that history still lives: it is a present rather than a past. The temples and gods of pre-Columbian Mexico may be a pile of ruins, but the spirit that breathed life into that world has not disappeared; it speaks to us in the hermetic language of myth and legend, in forms of social coexistence, in popular art, in customs. Being a Mexican writer means listening to the voice of that present—that presence. Listening to it, speaking with it, deciphering it, expressing it . . . After this brief digression we may be able to perceive the peculiar relation that simultaneously binds us to and separates us from the European tradition.

The consciousness of being separate is a constant feature of our spiritual history. This separation is sometimes experienced as a wound that marks an internal division, an anguished awareness that invites introspection; at other times it appears as a challenge, a spur to action, to go forth into the outside world and encounter others. It is true that the feeling of separation is universal and not peculiar to Spanish Americans. It is born at the very moment of our birth: as we are wrenched from the Whole, we fall into a foreign land. This never-healing wound is the unfathomable depth of every man. All our ventures and exploits, all our acts and dreams, are bridges designed to overcome the separation and reunite us with the world and our fellow beings. Each man's life and the collective history of humanity can thus be seen as an attempt to reconstruct the original situation. An unfinished and endless cure for our divided condition. But it is not my intention to provide yet another description of this feeling. I am simply stressing the fact that for us this existential need expresses itself in historical terms. It thus becomes an awareness of our history. How and when does this feeling appear and how is it transformed into consciousness? The reply to this double-edged question can be given in the form of a theory or a personal testimony. I prefer the latter, for there are many theories and none is entirely convincing.

The feeling of separation is bound up with the oldest and vaguest of my memories: the first cry, the first scare. Like every child, I built emotional bridges in the imagination to link me to the world and to other people. I lived in a town on the outskirts of Mexico City, in an old dilapidated house that had a junglelike garden and a great room full of books. First games and first lessons. The garden soon became the center of my world; the library, an enchanted cave. I read alone but played with my cousins and schoolmates. There was a fig tree, temple of vegetation, four pine trees, three ash trees, a nightshade, a pomegranate tree, wild grass, and prickly plants that produced purple grazes. Adobe walls. Time was elastic; space was a spinning wheel. All time, past or future, real or imaginary, was pure presence, and space transformed itself ceaselessly. The beyond was here, all was here: a valley, a mountain, a distant country, the neighbors' patio. Books with pictures, especially history books, eagerly leafed through, supplied images of deserts and jungles, palaces and hovels, warriors and princesses, beggars and kings. We were shipwrecked with Sinbad and with Robinson Crusoe, we fought with D'Artagnan, we took Valencia with the Cid. How I would have liked to stay forever on the Isle of Calypso! In summer the green branches of the fig tree would sway like the sails of a caravel or a pirate ship. High up on the mast, swept by the wind, I could make out islands and continents, lands that vanished as soon as they became tangible. The world was limitless yet always within reach, and time, pliable, weaved a seamless present.

When was the spell broken? Gradually rather than suddenly. It is hard to accept betrayal by a friend, deception by the woman we love, or learn that freedom is the mask of a tyrant. This discovery is a slow and tricky process, because we ourselves are the accomplices of the betrayals and deceptions. Nevertheless, I can remember fairly clearly an incident that was the first sign, although it was quickly forgotten. I must have been about six. One of my cousins, who was a little older, showed me a North American magazine with a photograph of soldiers marching down a wide avenue, probably in New York. "They've returned from the war," she said. These few words disturbed me, as if they foreshadowed the end of the world or the Second Coming. I vaguely knew that somewhere far away a war had ended and that the soldiers were marching to celebrate their victory. But for me, that war had taken place in another time, not here and now. The photograph refuted me. I felt dislodged from the present.

After that, time began to fracture more and more. And space, to multiply. The experience was repeated with increasing frequency. Any piece of information, a harmless phrase, the headline in a newspaper, proved the outside world's existence and my own unreality. I felt that my world was disintegrating, that the real present was somewhere else. My time — the time of the garden, the games with friends, the drowsiness in the grass at three in the afternoon, under the sun, a fig torn open (black and red like a live coal, yet sweet and fresh) — was a fictitious time. In spite of what my senses told me, the time from over there, belonging to the others, was the real one. I accepted the inevitable. That was how my expulsion from the present began.

It may seem paradoxical to say that we have been expelled from the present, but it is a feeling we have all had at some moment. Some of us experienced it first as a condemnation, later transformed into consciousness and action. The search for the present is not the pursuit of an earthly paradise or of a timeless eternity; it is the search for reality. For us Spanish Americans this present was not in our own countries: it was the time lived by others—by the English, the French, the Germans. It was the time of New York, Paris, London. We had to go and look for it and bring it back home. These years were also the years of my discovery of literature. I began writing poems. I did not know what made me write them; I was moved by an inner need that is difficult to define. Only now have I understood that there was a secret relationship between what I have called my expulsion from the present and the writing of poetry. Poetry, in love with the instant, seeks to relive it in the poem, thus separating it from sequential time and turning it into a fixed present. But at that time I wrote without wondering why I was doing it. I was searching for the gateway to the present: I wanted to belong to my time and to my century. Later, this desire became an obsession: I wanted to be a modern poet. My search for modernity had begun.

What is modernity? It is, first of all, an ambiguous term: there are as many types of modernity as there are societies. Each society has its own. The word's meaning is as uncertain and arbitrary as the name of the period that precedes it, the Middle Ages. If we are modern when compared to medieval times, are we perhaps the Middle Ages of a future modernity? Is a name that changes with time a real name? Modernity is a word in search of its meaning. Is it an idea, a mirage or a moment of history? Are we the children of modernity or are we its creators? Nobody knows for sure. Nor does it matter much: we follow it, we pursue it. For me at that time modernity was fused with the present or, rather, produced it: the present was modernity's final and supreme flower. My case is not unique, not exceptional: from the Symbolist period, all modern poets have chased after that magnetic and elusive figure. Baudelaire was the first. He was also the first to touch her and discover that she is nothing but time that crumbles in one's hands. I am not going to relate my adventures in pursuit of modernity; they are not very different from those of other twentieth-century poets. Modernity has been a universal passion. Since 1850 she has been our goddess and our demoness. In recent years there has been an attempt to exorcise her, and there has been much talk of "postmodernism." But what is postmodernism if not an even more modern modernity?

For us Latin Americans the search for poetic modernity runs historically parallel to the repeated attempts to modernize our countries. This movement begins at the end of the eighteenth century and includes Spain herself. While the United States was born into modernity and, as de Tocqueville observed, by 1830 was already the womb of the future, we were born at the moment when Spain and Portugal were moving away from modernity. This is why there was frequent talk of "Europeanizing" our countries: the modern was outside and had to be imported. In Mexico this process began just before the War of Independence. Later, it became a great ideological and political debate that divided Mexican society throughout the nineteenth century. One event was to call into question not the legitimacy of the reform movement but the way in which it had been implemented: the Mexican Revolution. The Mexican Revolution, unlike its twentieth-century counterparts, was not the expression of a vaguely utopian ideology but rather the explosion of a reality that had been historically and psychologically repressed. It was not the work of a group of ideologists intent on introducing principles derived from a political theory; it was a popular uprising that unmasked what had been hidden. For this reason it was more of a revelation than a revolution. Mexico was searching for the present outside only to find it within, buried but alive. The search for modernity led us to discover our antiquity, the hidden face of the nation. I am not sure whether this unexpected historical lesson has been learned by all: that between tradition and modernity there is a bridge. When they are mutually isolated, tradition stagnates and modernity vaporizes; when joined, modernity breathes life into tradition, and tradition responds by providing depth and gravity.

The search for poetic modernity was a quest, in the allegorical and chivalric sense this word had in the twelfth century. Crossing several wastelands, visiting castles of mirrors, and camping among ghostly tribes, I found no grail. But I did discover the modern tradition. Because modernity is not a poetic school but a lineage, a family dispersed over several continents and which for two centuries has survived many sudden changes and misfortunes: public indifference, isolation, and tribunals in the name of religious, political, academic, and sexual orthodoxy. Being a tradition and not a doctrine, it has been able to persist and to change at the same time. This is also why it is so diverse. Each poetic adventure is distinct, and each poet has sown a different plant in the miraculous forest of speaking trees. Yet if the poems are different and each path distinct, what is it that unites these poets? Not an aesthetic but a search. My search was not fanciful, even though the idea of modernity is a mirage, a maze of reflections. One day I found myself back at the starting point: the search for modernity was a return to the origins.

Modernity had led me to the source of my beginning, to my antiquity. Separation now became reconciliation. And so I learned that the poet is a pulse in the rhythmic flow of generations.

The idea of modernity is a by-product of our conception of history as a unique and linear process of succession. Although its origins are in Judeo-Christianity, it breaks with Christian doctrine. In Christianity, the cyclical time of pagan cultures is supplanted by unrepeatable history, something that has a beginning and will have an end. Sequential time was the profane time of history, an arena for the actions of fallen men, yet still governed by a sacred time which had neither beginning nor end. After Judgment Day there will be no future either in heaven or in hell. In the realm of eternity there is no succession, because everything *is*. Being triumphs over becoming. The new time, our modern conception of time, is linear like that of Christianity, but open to infinity and with no reference to eternity. Ours is the time of profane history, an irreversible and perpetually unfinished time that marches toward the future but not toward its end. History's sun is the future, and Progress is the name of this movement toward the future.

Christians see the world, or what used to be called the *siècle* or worldly life, as a place of trial: souls can be either lost or saved in this world. In the new conception, the historical subject is not the individual soul but the human race, sometimes viewed as a whole and sometimes through a chosen group that represents it: the developed nations of the West, the proletariat, the white race, or some other entity. Both the pagan and Christian philosophical traditions had exalted Being as changeless perfection overflowing with plenitude; but we adore Change, the motor of progress and the model for our societies. Change articulates itself in two privileged ways: as evolution and as revolution. The trot and the leap. Modernity is the spearhead of historical movement, the incarnation of evolution or revolution, those two faces of progress. Finally, progress takes place thanks to the dual application of science and technology to the realm of nature and to the use of her immense resources.

Modern man has defined himself as a historical being. But earlier societies chose to define themselves in terms of other values and ideas. The Greeks, venerating the *polis* and the circle, were unaware of progress. Seneca, like the Stoics, was much concerned about the eternal return; Saint Augustine believed that the end of the world was imminent; and Saint Thomas constructed a scale of the degrees of being, linking the smallest creatures to the Creator, and so on. One after the other, these ideas and beliefs were abandoned. It seems to me that the same decline is beginning to affect our idea of progress and, as a result, our vision of time, history, and ourselves. We are witnessing the twilight of the future. The decline of the idea of modernity and the popularity of the dubious notion of "postmodernism" are phenomena that affect not only literature and the arts. We are experiencing the crisis of the essential ideas and beliefs that have guided mankind for over two centuries. I have dealt with this matter at length elsewhere. Here I can only offer a brief summary.

In the first place, the concept of a process that is infinite and synonymous with endless progress has been called into question. I need hardly mention what everybody knows: our natural resources are finite and will one day be exhausted. In addition, we have inflicted what may be irreparable damage on the natural environment.

And our own species is endangered. Science and technology, the instruments of progress, have shown with alarming clarity that they can easily become destructive forces. The existence of nuclear weapons is a refutation of the idea that progress is inherent in history. This refutation, I add, can only be called devastating.

In the second place, we have the fate of the historical subject, mankind, in the twentieth century. Seldom have nations or individuals suffered so much. Two world wars, tyrannies spread over five continents, the atomic bomb, and the proliferation of one of the cruelest and most lethal institutions known to man: the concentration camp. Modern technology has provided countless benefits, but it is impossible to close our eyes to the technologically assisted slaughter, torture, humiliation, and degradation inflicted on millions of innocent people in our century.

In the third place, the belief in the necessity of progress has been shaken. For our grandparents and our parents, the ruins of history (corpses, desolate battlefields, devastated cities) did not invalidate the underlying goodness of the historical process. The scaffolds and tyrannies, the conflicts and savage civil wars were the price to be paid for progress, the blood money to be offered to the god of history. A god? Yes, reason itself was deified, according to Hegel, and prodigal in cruel acts of cunning. The alleged rationality of history has vanished. Even in the very stronghold of order, regularity, and coherence—the pure science of mathematics—the old notions of accident and catastrophe have reappeared. This disturbing resurrection reminds me of the terrors that marked the advent of the millennium, and the anguish of the Aztecs at the end of each cosmic cycle.

The last element in this hasty enumeration is the collapse of all the philosophical and historical hypotheses that claimed to reveal the laws governing the course of history. The believers, confident that they held the keys to history, erected powerful states over pyramids of corpses. These arrogant constructions, destined in theory to liberate men, were very quickly transformed into gigantic prisons. Today we have seen them fall, overthrown not by their ideological enemies but by the impatience and the desire for freedom of the new generations. Is this the end of all utopias? It is the end, rather, of the idea of history as a phenomenon that can be predicted. Historical determinism has been shown to be a costly and bloodstained fantasy. History is unpredictable because its agent, mankind, is the personification of indeterminism.

This short review indicates that we are very probably at the end of a historical period and at the beginning of another. The end of the Modern Age, or merely a mutation of it? It is difficult to tell. In any case, the collapse of utopian schemes has left a great void—not in the countries where this ideology has been proved a failure, but in those where many embraced it with enthusiasm and hope. For the first time in history mankind lives in a sort of spiritual wilderness and not, as before, in the shadow of those religious and political systems that consoled us at the same time as they oppressed us. Although all societies are historical, each one has lived under the guidance and inspiration of a set of metahistorical beliefs and ideas. Ours is the first age that is ready to live without a metahistorical doctrine. Our absolutes, whether they be religious or philosophical, moral or aesthetic, are not collective but private. A dangerous experience, because it is impossible to know whether or not the tensions and conflicts unleashed in this privatization of ideas and beliefs that belonged traditionally to the public domain will end up by destroying the social fabric. Men could then become possessed once more by ancient religious fury or by fanatical nationalism. It would be terrible if the fall of the abstract idol of ideology were to foreshadow the resurrection of the buried passions of tribes, sects, and churches. The signs, unfortunately, are disturbing.

The decline of the ideologies I have called metahistorical, by which I mean those that assign to history a goal and a direction, implies the tacit abandonment of global solutions. With good sense, we tend more and more toward limited remedies to solve concrete problems. It is prudent to abstain from legislating about the future. Yet the present requires much more than attention to immediate needs; it demands global soul-searching. For a long time I have firmly believed that the twilight of the future heralds the advent of the now. To think about the now means first of all to recover the critical vision. For example, the triumph of the market economy (a triumph due to the adversary's default) cannot be simply a cause for joy. As a mechanism the market is efficient, but like all mechanisms it lacks both conscience and compassion. We must find a way of integrating it into society so that it expresses the social contract and becomes an instrument of justice and fairness. The advanced democratic societies have reached an enviable level of prosperity; at the same time they are islands of abundance in an ocean of universal misery. And the market is inextricably connected to the deterioration of the environment. Pollution affects not only the air, the rivers, and the forests, but also our souls. A society possessed by the frantic need to produce more in order to consume more tends to reduce ideas, feelings, art, love, friendship, and people themselves to consumer goods. Everything becomes an item to be bought, used, and then thrown on the rubbish dump. No other society has produced so much waste as ours has. Material and moral waste.

Reflecting on the now does not mean relinquishing the future or forgetting the past. The present is the meeting place for the two directions of time. It should not be confused with facile hedonism. True, the tree of pleasure does not grow in the past or in the future but only at this very moment; yet death, too, is a fruit of the present. It cannot be rejected, for it is part of life. Living well means dying well. We must learn how to look death in the face. The present is alternately luminous and somber, like a sphere that unites the two halves of action and contemplation. Thus, just as we have had philosophies of the past and of the future, of eternity and of the void, tomorrow we shall have a philosophy of the present. The poetic experience could be one of its foundations. What do we know about the present? Nothing or almost nothing. Yet the poets do know one thing: the present is the source of presences.

In this pilgrimage in search of modernity I lost my way at many points, only to find myself again. I returned to the source and discovered that modernity is not outside but within us. It is today and the most ancient antiquity; it is tomorrow and the beginning of the world; it is a thousand years old and yet newborn. It speaks in Nahuatl, draws Chinese ideograms from the ninth century, and appears on the television screen. This intact present, recently unearthed, shakes off the dust of centuries, smiles, and suddenly takes wing and flies out through the window. A simultaneous plurality of time and presence: modernity breaks with the immediate past only to recover an age-old past. It transforms a tiny fertility figure from the neolithic into our contemporary. We pursue modernity in her incessant metamorphoses yet we never catch her. Each encounter ends in flight. We embrace her, but she escapes, disappears immediately, and we clutch the air. The instant is the bird that is everywhere and nowhere. We want to trap it alive, but it flaps its wings and is gone in a spray of syllables. We are left emptyhanded. Then the door of perception opens slightly and the *other time* appears, the real time we had been seeking without knowing it: the present, the presence.

Translated by Anthony Stanton

La búsqueda
del presente

CONFERENCIA NOBEL

1 9 9 0

COMIENZO CON UNA PALABRA que todos los hombres, desde que el hombre es hombre, han proferido: *gracias*. Es una palabra que tiene equivalentes en todas las lenguas. Y en todas es rica la gama de significados. En las lenguas romances va de lo espiritual a lo físico, de la gracia que concede Dios a los hombres para salvarlos del error y la muerte a la gracia corporal de la muchacha que baila o a la del felino que salta en la maleza. Gracia es perdón, indulto, favor, beneficio, nombre, inspiración, felicidad en el estilo de hablar o de pintar, ademán que revela las buenas maneras y, en fin, acto que expresa bondad de alma. La gracia es gratuita, es un don; aquel que lo recibe, el agraciado, si no es un mal nacido, lo agradece: da la gracias. Es lo que yo hago ahŏra con estas palabras de poco peso. Espero que mi emoción compense su levedad. Si cada una fuese una gota de agua, ustedes podrían ver, a través de ellas, lo que siento: gratitud, reconocimiento. Y también una indefinible mezcla de temor, respeto y sorpresa al verme ante ustedes, en este recinto que es, simultáneamente, el hogar de las letras suecas y la casa de la literatura universal.

Las lenguas son realidades más vastas que las entidades políticas e históricas que llamamos naciones. Un ejemplo de esto son las lenguas europeas que hablamos en América. La situación peculiar de nuestras literaturas frente a las de Inglaterra, España, Portugal y Francia depende precisamente de este hecho básico: son literaturas escritas en lenguas transplantadas. Las lenguas nacen y crecen en un suelo; las alimenta una historia común. Arrancadas de su suelo natal y de su tradición propia, plantadas en un mundo desconocido y por nombrar, las lenguas europeas arraigaron en las tierras nuevas, crecieron con las sociedades americanas y se transformaron. Son la misma planta y son una planta distinta. Nuestras literaturas no vivieron pasivamente las vicisitudes de las lenguas transplantadas: participaron en el proceso y lo apresuraron. Muy pronto dejaron de ser meros reflejos transatlánticos; a veces han sido la negación de las literaturas europeas y otras, con más frecuencia, su réplica.

A despecho de estos vaivenes, la relación nunca se ha roto. Mis clásicos son los de mi lengua y me siento descendiente de Lope y de Quevedo como cualquier escritor español . . . pero no soy español. Creo que lo mismo podrían decir la mayoría de los escritores hispanoamericanos y también los de los Estados Unidos, Brasil y Canadá frente a la tradición inglesa, portuguesa y francesa. Para entender más claramente la peculiar posición de los escritores americanos, basta con pensar en el diálogo que sostiene el escritor japonés, chino o árabe con esta o aquella literatura europea: es un diálogo a través de lenguas y de civilizaciones distintas. En cambio, nuestro diálogo se realiza en el interior de la misma lengua. Somos y no somos europeos. ¿Qué somos entonces? Es difícil definir lo que somos pero nuestras obras hablan por nosotros.

La gran novedad de este siglo, en materia literaria, ha sido la aparición de las literaturas de América. Primero surgió la angloamericana y después, en la segunda mitad del siglo XX, la de América Latina en sus dos grandes ramas, la hispanoamericana y la brasileña. Aunque son muy distintas, las tres literaturas tienen un rasgo en común: la pugna, más ideológica que literaria, entre las tendencias cosmopolitas y las nativistas, el europeísmo y el americanismo. ¿Qué ha quedado de esa disputa? Las polémicas se disipan; quedan las obras. Aparte de este parecido general, las diferencias entre las tres son numerosas y profundas. Una es de orden histórico más que literario: el desarrollo de la literatura angloamericana coincide con el ascenso histórico de los Estados Unidos como potencia mundial; el de la nuestra con las desventuras y convulsiones políticas y sociales de nuestros pueblos. Nueva prueba de los límites de los determinismos sociales e históricos; los crepúsculos de los imperios y las perturbaciones de las sociedades coexisten a veces con obras y momentos de esplendor en las artes y las letras: Li-Po y Tu Fu fueron testigos de la caída de los Tang, Velázquez fue el pintor de Felipe IV, Séneca y Lucano fueron contemporáneos y víctimas de Nerón. Otras diferencias son de orden literario y se refieren más a las obras en particular que al carácter de cada literatura. ¿Pero tienen *carácter* las literaturas, poseen un conjunto de rasgos comunes que las distingue unas de otras? No lo creo. Una literatura no se define por un quimérico, inasible carácter. Es una sociedad de obras únicas—unidas por relaciones de oposición y afinidad.

La primera y básica diferencia entre la literatura latinoamericana y la angloamericana reside en la diversidad de sus orígenes. Unos y otros comenzamos por ser una proyección europea. Ellos de una isla y nosotros de una península. Dos regiones excéntricas por la geografía, la historia y la cultura. Ellos vienen de Inglaterra y la Reforma; nosotros de España, Portugal y la Contrarreforma. Apenas si debo mencionar, en el caso de los hispanoamericanos, lo que distingue a España de las otras naciones europeas y le otorga una notable y original fisonomía histórica. España no es menos excéntrica que

Inglaterra aunque lo es de manera distinta. La excentricidad inglesa es insular y se caracteriza por el aislamiento: una excentricidad por exclusión. La hispana es peninsular y consiste en la coexistencia de diferentes civilizaciones y pasados: una excentricidad por inclusión. En lo que sería la católica España los visigodos profesaron la herejía de Arriano, para no hablar de los siglos de dominación de la civilización árabe, de la influencia del pensamiento judío, de la Reconquista y de otras peculiaridades.

En América la excentricidad hispánica se reproduce y se multiplica, sobre todo en países con antiguas y brillantes civilizaciones como México y Perú. Los españoles encontraron en México no sólo una geografía sino una historia. Esa historia está viva todavía: no es un pasado sino un presente. El México precolombino, con sus templos y sus dioses, es un montón de ruinas pero el espíritu que animó ese mundo no ha muerto. Nos habla en el lenguaje cifrado de los mitos, las leyendas, las formas de convivencia, las artes populares, las costumbres. Ser escritor mexicano significa oír lo que nos dice ese presente esa presencia. Oírla, hablar con ella, descifrarla: decirla . . . Tal vez después de esta breve digresión sea posible entrever la extraña relación que, al mismo tiempo, nos une y separa de la tradición europea.

La conciencia de la separación es una nota constante de nuestra historia espiritual. A veces sentimos la separación como una herida y entonces se transforma en escisión interna, conciencia desgarrada que nos invita al examen de nosotros mismos; otras aparece como un reto, espuela que nos incita a la acción, a salir al encuentro de los otros y del mundo. Cierto, el sentimiento de la separación es universal y no es privativo de los hispanoamericanos. Nace en el momento mismo de nuestro nacimiento: desprendidos del todo caemos en un suelo extraño. Esta experiencia se convierte en una llaga que nunca cicatriza. Es el fondo insondable de cada hombre; todas nuestras empresas y acciones, todo lo que hacemos y soñamos, son puentes para romper la separación y unirnos al mundo y a nuestros semejantes. Desde esta perspectiva, la vida de cada hombre y la historia colectiva de los hombres pueden verse como tentativas destinadas a reconstruir la situación original. Inacabada e inacabable cura de la escisión. Pero no me propongo hacer otra descripción, una más, de este sentimiento. Subrayo que entre nosotros se manifiesta sobre todo en términos históricos. Así, se convierte en conciencia de nuestra historia. ¿Cuándo y cómo aparece este sentimiento y cómo se transforma en conciencia? La respuesta a esta doble pregunta puede consistir en una teoría o en un testimonio personal. Prefiero lo segundo: hay muchas teorías y ninguna del todo confiable.

El sentimiento de separación se confunde con mis recuerdos más antiguos y confusos: con el primer llanto, con el primer miedo. Como todos los niños, construí puentes imaginarios y afectivos que me unían al mundo y a los otros. Vivía en un pueblo de las afueras de la ciudad de México, en una vieja casa ruinosa con un jardín selvático y una gran habitación llena de libros. Primeros juegos, primeros aprendizajes. El jardín se convirtió en el centro del mundo y la biblioteca en caverna encantada. Leía y jugaba con mis primos y mis compañeros de escuela. Había una higuera, templo vegetal, cuatro pinos, tres fresnos, un huele-de-noche, un granado, herbazales, plantas espinosas que producían rozaduras moradas. Muros de adobe. El tiempo era elástico; el espacio, giratorio. Mejor dicho: todos los tiempos, reales o imaginarios, eran *ahora mismo*; el espacio, a su vez, se transformaba sin cesar: allá era aquí; todo era aquí: un valle,

una montaña, un país lejano, el patio de los veci-
nos. Los libros de estampas, particularmente los
de historia, hojeados con avidez, nos proveían de
imágenes: desiertos y selvas, palacios y cabañas,
guerreros y princesas, mendigos y monarcas.
Naufragamos con Simbad y con Robinson, nos
batimos con Artagnan, tomamos Valencia con el
Cid. ¡Cómo me hubiera gustado quedarme para
siempre en la isla de Calipso! En verano la
higuera mecía todas sus ramas verdes como si
fuesen las velas de una carabela o de un barco
pirata; desde su alto mástil, batido por el viento,
descubrí islas y continentes, tierras que apenas
pisadas se desvanecían. El mundo era ilimitado
y, no obstante, siempre al alcance de la mano; el
tiempo era una substancia maleable y un pre-
sente sin fisuras.

¿Cuándo se rompió el encanto? No de
golpe: poco a poco. Nos cuesta trabajo aceptar
que el amigo nos traiciona, que la mujer querida

nos engaña, que la idea libertaria es la máscara del tirano. Lo que se llama "caer en la cuenta" es un proceso lento y sinuoso porque nosotros mismos somos cómplices de nuestros errores y engaños. Sin embargo, puedo recordar con cierta claridad un incidente que, aunque pronto olvidado, fue la primera señal. Tendría unos seis años y una de mis primas, un poco mayor que yo, me enseñó una revista norteamericana con una fotografía de soldados desfilando por una gran avenida, probablemente de Nueva York. "Vuelven de la guerra", me dijo. Esas pocas palabras me turbaron como si anunciasen el fin del mundo o el segundo advenimiento de Cristo. Sabía, vagamente, que allá lejos, unos años antes, había terminado una guerra y que los soldados desfilaban para celebrar su victoria; para mí aquella guerra había pasado en otro tiempo, no *ahora* ni *aquí*. La foto me desmentía. Me sentí, literalmente, desalojado del presente.

Desde entonces el tiempo comenzó a fracturarse más y más. Y el espacio, los espacios. La experiencia se repitió una y otra vez. Una noticia cualquiera, una frase anodina, el titular de un diario, una canción de moda: pruebas de la existencia del mundo de afuera y revelaciones de mi irrealidad. Sentí que el mundo se escindía: yo no estaba en el presente. Mi ahora se disgregó: el verdadero tiempo estaba en otra parte. Mi tiempo, el tiempo del jardín, la higuera, los juegos con los amigos, el sopor bajo el sol de las tres de la tarde entre las yerbas, el higo entreabierto—negro y rojizo como un ascua pero un ascua dulce y fresca—era un tiempo ficticio. A pesar del testimonio de mis sentidos, el tiempo de allá, el de los otros, era el verdadero, el tiempo del presente real. Acepté lo inaceptable: fuí adulto. Así comenzó mi expulsión del presente.

Decir que hemos sido expulsados del presente puede parecer una paradoja. No: es una experiencia que todos hemos sentido alguna vez; algunos la hemos vivido primero como una condena y después transformada en conciencia y acción. La búsqueda del presente no es la búsqueda del edén terrestre ni de la eternidad sin fechas: es la búsqueda de la realidad real. Para nosotros, hispanoamericanos, ese presente real no estaba en nuestros países: era el tiempo que vivían los otros, los ingleses, los franceses, los alemanes. El tiempo de Nueva York, París, Londres. Había que salir en su busca y traerlo a nuestras tierras. Esos años fueron también los de mi descubrimiento de la literatura. Comencé a escribir poemas. No sabía qué me llevaba a escribirlos: estaba movido por una necesidad interior difícilmente definible. Apenas ahora he comprendido que entre lo que he llamado mi expulsión del presente y escribir poemas había una relación secreta. La poesía está enamorada del instante y quiere revivirlo en un poema; lo aparta de la sucesión y lo convierte en presente fijo. Pero en aquella época yo escribía sin preguntarme por qué lo hacía. Buscaba la puerta de entrada al presente: quería ser de mi tiempo y de mi siglo. Un poco después esta obsesión se volvió idea fija: quise ser un poeta moderno. Comenzó mi búsqueda de la modernidad.

¿Qué es la modernidad? Ante todo, es un término equívoco: hay tantas modernidades como sociedades. Cada una tiene la suya. Su significado es incierto y arbitrario, como el del período que la precede, la Edad Media. Si somos modernos frente al medievo, ¿seremos acaso la Edad Media de una futura modernidad? Un nombre que cambia con el tiempo, ¿es un verdadero nombre? La modernidad es una palabra en busca de su significado: ¿es una idea, un espejismo o un momento de la historia? ¿Somos hijos de la modernidad o ella es nuestra creación? Nadie lo sabe a ciencia cierta. Poco importa: la seguimos, la perseguimos. Para mí, en aquellos años, la modernidad se confundía con el presente o, más bien, lo producía: el presente era su flor extrema y última. Mi caso no es único ni excepcional: todos los poetas de nuestra época, desde el período simbolista, fascinados por esa figura a un tiempo magnética elusiva, han corrido tras ella. El primero fue Baudelaire. El primero también que logró tocarla y así descubrir que no es sino tiempo que se deshace entre las manos. No referiré mis aventuras en la persecusión de la modernidad: son las de casi todos los poetas de nuestro siglo. La modernidad ha sido una pasión universal. Desde 1850 ha sido nuestra diosa y nuestro demonio. En los últimos años se ha pretendido exorcisarla y se habla mucho de la "postmodernidad". ¿Pero qué es la postmodernidad sino una modernidad aún más moderna?

Para nosotros, latinoamericanos, la búsqueda de la modernidad poética tiene un paralelo histórico en las repetidas y diversas tentativas de modernización de nuestras naciones. Es una tendencia que nace a fines del siglo XVIII y que abarca a la misma España. Los Estados Unidos nacieron con la modernidad y ya para 1830, como lo vió Tocqueville, eran la matriz del futuro; nosotros nacimos en el momento en que España y Portugal se apartaban de la modernidad. De ahí que a veces se hablase de "europeizar" a nuestros países: lo moderno estaba afuera y teníamos que importarlo. En la historia de México el proceso comienza un poco antes de las guerras de Independencia; más tarde se convierte en un gran debate ideológico y político que divide y apasiona a los mexicanos durante el siglo XIX. Un episodio puso en entredicho no tanto la legitimidad del proyecto reformador como la manera en que se había intentado realizarlo: la Revolución mexicana. A diferencia de las otras revoluciones del siglo XX, la de México no fue tanto la expresión de una ideología más o menos utópica como la explosión de una realidad histórica y psíquica oprimida. No fue la obra de un grupo de ideólogos decididos a implantar unos principios derivados de una teoría política; fue un sacudimiento popular que mostró a la luz lo que estaba escondido. Por esto mismo fue, tanto o más que una revolución, una revelación. México buscaba al presente afuera y lo encontró adentro, enterrado pero vivo. La búsqueda de la modernidad nos llevó a descubrir nuestra antigüedad, el rostro oculto de la nación. Inesperada lección histórica que no sé si todos han aprendido: entre tradición y modernidad hay un puente. Aisladas, las tradiciones se petrifican y las modernidades se volatilizan; en conjunción, una anima a la otra y la otra le responde dándole peso y gravedad.

La búsqueda de la modernidad poética fue una verdadera *quête*, en el sentido alegórico y caballeresco que tenía esa palabra en el siglo

XII. No rescaté ningún Grial, aunque recorrí varias *waste lands*, visité castillos de espejos y acampé entre tribus fantasmales. Pero descubrí a la tradición moderna. Porque la modernidad no es una escuela poética sino un linaje, una familia esparcida en varios continentes y que durante dos siglos ha sobrevivido a muchas vicisitudes y desdichas: la indiferencia pública, la soledad y los tribunales de las ortodoxias religiosas, políticas, académicas y sexuales. Ser una tradición y no una doctrina le ha permitido, simultáneamente, permanecer y cambiar. También le ha dado diversidad: cada aventura poética es distinta y cada poeta ha plantado un árbol diferente en este prodigioso bosque parlante. Si las obras son diversas y los caminos distintos, ¿qué une a todos estos poetas? No una estética sino la búsqueda. Mi búsqueda no fue quimérica, aunque la idea de modernidad sea un espejismo, un haz de reflejos. Un día descubrí que no avanzaba sino que volvía al punto de partida: la búsqueda de la modernidad era un descenso a los orígenes. La modernidad me condujo a mi comienzo, a mi antigüedad. La ruptura se volvió reconciliación. Supe así que el poeta es un latido en el río de las generaciones.

La idea de modernidad es un sub-producto de la concepción de la historia como un proceso sucesivo, lineal e irrepetible. Aunque sus orígenes están en el judeocristianismo, es una ruptura con la doctrina cristiana. El cristianismo desplazó al tiempo cíclico de los paganos: la historia no se repite, tuvo un principio y tendrá un fin; el tiempo sucesivo fue el tiempo profano de la historia, teatro de las acciones de los hombres caídos, pero sometido al tiempo sagrado, sin principio ni fin. Después del Juicio Final, lo mismo en el cielo que en el infierno, no habrá futuro. En la Eternidad no sucede nada porque todo es. Triunfo del ser sobre el devenir. El tiempo nuevo, el nuestro, es lineal como el cristiano pero abierto al infinito y sin referencia a la Eternidad. Nuestro tiempo es el de la historia profana. Tiempo irreversible y perpetuamente inacabado, en marcha no hacia su fin sino hacia el porvenir. El sol de la historia se llama futuro y el nombre del movimiento hacia el futuro es Progreso.

Para el cristiano, el mundo —o como antes se decía: *el siglo*, la vida terrenal— es un lugar de prueba: las almas se pierden o se salvan en este mundo. Para la nueva concepción, el sujeto histórico no es el alma individual sino el género humano, a veces concebido como un todo y otras a través de un grupo escogido que lo representa: las naciones adelantadas de Occidente, el proletariado, la raza blanca o cualquier otro ente. La tradición filosófica pagana y cristiana había exaltado al Ser, plenitud henchida, perfección que no cambia nunca; nosotros adoramos al

Cambio, motor del progreso y modelo de nuestras sociedades. El Cambio tiene dos modos privilegiados de manifestación: la evolución y la revolución, el trote y el salto. La modernidad es la punta del movimiento histórico, la encarnación de la evolución o de la revolución, las dos caras del progreso. Por último, el progreso se realiza gracias a la doble acción de la ciencia y de la técnica, aplicadas al dominio de la naturaleza y a la utilización de sus inmensos recursos.

El hombre moderno se ha definido como un ser histórico. Otras sociedades prefirieron definirse por valores e ideas distintas al cambio: los griegos veneraron a la Polis y al círculo pero ignoraron al progreso, a Séneca le desvelaba, como a todos los estoicos, el eterno retorno, San Agustín creía que el fin del mundo era inminente, Santo Tomás construyó una escala—los grados del ser—de la criatura al Creador y así sucesivamente. Una tras otra esas ideas y creencias fueron abandonadas. Me parece que comienza a ocurrir lo mismo con la idea del Progreso y, en consecuencia, con nuestra visión del tiempo, de la historia y de nosotros mismos. Asistimos al crepúsculo del futuro. La baja de la idea de modernidad, y la boga de una noción tan dudosa como "postmodernidad", no son fenómenos que afecten únicamente a las artes y a la literatura: vivimos la crisis de las ideas y creencias básicas que han movido a los hombres desde hace más de dos siglos. En otras ocasiones me he referido con cierta extensión al tema. Aquí sólo puedo hacer un brevísimo resumen.

En primer término: está en entredicho la concepción de un proceso abierto hacia el infinito y sinónimo de progreso continuo. Apenas si debo mencionar lo que todos sabemos: los recursos naturales son finitos y un día se acabarán. Además, hemos causado daños tal vez irreparables al medio natural y la especie misma está amenazada. Por otra parte, los instrumentos del progreso—la ciencia y la técnica—han mostrado con terrible claridad que pueden convertirse fácilmente en agentes de destrucción. Finalmente, la existencia de armas nucleares es una refutación de la idea de progreso inherente a la historia. Una refutación, añado, que no hay más remedio que llamar devastadora.

En segundo término: la suerte del sujeto histórico, es decir, de la colectividad humana, en el siglo XX. Muy pocas veces los pueblos y los individuos habían sufrido tanto: dos guerras mundiales, despotismos en los cinco continentes, la bomba atómica y, en fin, la multiplicación de una de las instituciones más crueles y mortíferas que han conocido los hombres, el campo de concentración. Los beneficios de la técnica moderna son incontables pero es imposible cerrar los ojos ante las matanzas, torturas, humillaciones, degradaciones y otros daños que han sufrido millones de inocentes en nuestro siglo.

En tercer término: la creencia en el progreso necesario. Para nuestros abuelos y nuestros padres las ruinas de la historia —cadáveres, campos de batalla desolados, ciudades demolidas— no negaban la bondad esencial del proceso histórico. Los cadalsos y las tiranías, las guerras y la barbarie de las luchas civiles eran el precio del progreso, el rescate de sangre que había que pagar al dios de la historia. ¿Un dios? Sí, la razón misma, divinizada y rica en crueles astucias, según Hegel. La supuesta racionalidad de la historia se ha evaporado. En el dominio mismo del orden, la regularidad y la coherencia —en las ciencias exactas y en la física— han reaparecido las viejas nociones de accidente y de catástrofe. Inquietante resurrección que me hace pensar en los terrores del Año Mil y en la angustia de los aztecas al fin de cada ciclo cósmico.

Y para terminar esta apresurada enumeración: la ruina de todas esas hipótesis filosóficas e históricas que pretendían conocer las leyes de desarrollo histórico. Sus creyentes, confiados en que eran dueños de las llaves de la historia, edificaron poderosos Estados sobre pirámides de cadáveres. Esas orgullosas construcciones, destinadas en teoría a liberar a los hombres, se convirtieron muy pronto en cárceles gigantescas. Hoy las hemos visto caer; las echaron abajo no los enemigos ideológicos sino el cansancio y el afán libertario de las nuevas generaciones. ¿Fin de las utopías? Más bien: fin de la idea de la historia como un fenómeno cuyo desarrollo se conoce de antemano. El determinismo histórico ha sido una costosa y sangrienta fantasía. La historia es imprevisible porque su agente, el hombre, es la indeterminación en persona.

Este pequeño repaso muestra que, muy probablemente, estamos al fin de un período histórico y al comienzo de otro. ¿Fin o mutación de la Edad Moderna? Es difícil saberlo. De todos modos, el derrumbe de las utopías ha dejado un gran vacío, no en los países en donde esa ideología ha hecho sus pruebas y ha fallado sino en aquellos en los que muchos la abrazaron con entusiasmo y esperanza. Por primera vez en la historia los hombres viven en una suerte de intemperie espiritual y no, como antes, a la sombra de esos sistemas religiosos y políticos que, simultáneamente, nos oprimían y nos consolaban. Las sociedades son históricas pero todas han vivido guiadas e inspiradas por un conjunto de creencias e ideas metahistóricas. La nuestra es la primera que se apresta a vivir sin una doctrina metahistórica; nuestros absolutos — religiosos o filosóficos, éticos o estéticos — no son colectivos sino privados. La experiencia es arriesgada. Es imposible saber si las tensiones y conflictos de esta privatización de ideas, prácticas y creencias que tradicionalmente pertenecían a la vida pública no terminará por quebrantar la fábrica social. Los hombres podrían ser poseídos nuevamente por las antiguas furias religiosas y por los fanatismos nacionalistas. Sería terrible que la caída del ídolo abstracto de la ideología anunciase la resurrección de las pasiones enterradas de las tribus, las sectas y las iglesias. Por desgracia, los signos son inquietantes.

La declinación de las ideologías que he llamado metahistóricas, es decir, que asignan un fin y una dirección a la historia, implica el tácito abandono de soluciones globales. Nos inclinamos más y más, con buen sentido, por remedios limitados para resolver problemas concretos. Es cuerdo abstenerse de legislar sobre el porvenir. Pero el presente requiere no solamente atender a sus necesidades inmediatas: también nos pide una reflexión global y más rigurosa. Desde hace mucho creo, y lo creo firmemente, que el ocaso del futuro anuncia el advenimiento del hoy. Pensar el hoy significa, ante todo, recobrar la mirada crítica. Por ejemplo, el triunfo de la economía de mercado—un triunfo por *default* del adversario—no puede ser únicamente motivo de regocijo. El mercado es un mecanismo eficaz pero, como todos los mecanismos, no tiene conciencia y tampoco misericordia. Hay que encontrar la manera de insertarlo en la sociedad para que sea la expresión del pacto social y un instrumento de justicia y equidad. Las sociedades democráticas desarrolladas han alcanzado una prosperidad envidiable; asimismo, son islas de abundancia en el océano de la miseria universal. El tema del mercado tiene una relación muy estrecha con el deterioro del medio ambiente. La contaminación no sólo infesta al aire, a los ríos y a los bosques sino a las almas. Una sociedad poseída por el frenesí de producir más para consumir más tiende a convertir las ideas, los sentimientos, el arte, el amor, la amistad y las personas mismas en objetos de consumo. Todo se vuelve cosa que se compra, se usa y se tira al basurero. Ninguna sociedad había producido tantos desechos como la nuestra. Desechos materiales y morales.

La reflexión sobre el ahora no implica renuncia al futuro ni olvido del pasado: el presente es el sitio de encuentro de los tres tiempos. Tampoco puede confundirse con un fácil hedonismo. El árbol del placer no crece en el pasado o en el futuro sino en el ahora mismo. También la muerte es un fruto del presente. No podemos rechazarla: es parte de la vida. Vivir bien exige morir bien. Tenemos que aprender a mirar de frente a la muerte. Alternativamente luminoso y sombrío, el presente es una esfera donde se unen las dos mitades, la acción y la contemplación. Así como hemos tenido filosofías del pasado y del futuro, de la eternidad y de la nada, mañana tendremos una filosofía del presente. La experiencia poética puede ser una de sus bases. ¿Qué sabemos del presente? Nada o casi nada. Pero los poetas saben algo: el presente es el manantial de las presencias.

En mi peregrinación en busca de la modernidad me perdí y me encontré muchas veces. Volví a mi origen y descubrí que la modernidad no está afuera sino adentro de nosotros. Es hoy y es la antigüedad más antigua, es mañana y es el comienzo del mundo, tiene mil años y acaba de nacer. Habla en nahuatl, traza ideogramas chinos del siglo IX y aparece en la pantalla de televisión. Presente intacto, recién desenterrado, que se sacude el polvo de siglos, sonríe y, de pronto, se echa a volar y desaparece por la ventana. Simultaneidad de tiempos y de presencias: la modernidad rompe con el pasado inmediato sólo para rescatar al pasado milenario y convertir a una figurilla de fertilidad del neolítico en nuestra contemporánea. Perseguimos a la modernidad en sus incesantes metamorfosis y nunca logramos asirla. Se escapa siempre: cada encuentro es una fuga. La abrazamos y al punto se disipa: sólo era un poco de aire. Es el instante, ese pájaro que está en todas partes y en ninguna. Queremos asirlo vivo pero abre las alas y se desvanece, vuelto un puñado de sílabas. Nos quedamos con las manos vacías. Entonces las puertas de la percepción se entreabren y aparece el *otro tiempo*, el verdadero, el que buscábamos sin saberlo: el presente, la presencia.